Par Mlle Hermance Dufaure)

# LES
# MARONITES
ET
# LA FRANCE

PARIS

IMPRIMERIE DE L. TINTERLIN ET Ce

RUE NEUVE-DES-BONS-ENFANTS, 3.

# LES MARONITES

ET

# LA FRANCE

PARIS

E DENTU, LIBRAIRE-ÉDITEUR

GALERIE D'ORLÉANS, 13, PALAIS-ROYAL.

—

1860

# LES MARONITES

ET

# LA FRANCE

---

## I

Il y a au sein de l'Asie, dans le Liban, un peuple tout français ; sa foi, ses souvenirs, son sang même l'unissent à nous. Dès le treizième siècle, saint Louis, dans une charte adressée au prince, aux patriarche et évêques des Maronites, disait de lui :

« Nous sommes persuadé que cette nation, que nous trouvons établie sous le nom de Saint-Maroun est une partie de la nation française, car son amitié pour les Français ressemble à l'amitié que les Français se portent entre eux. En conséquence, il est juste que vous et tous les Maronites jouissiez de la même protection dont les Français jouissent près de nous, et que vous soyez admis dans les emplois comme ils le sont eux-mêmes. »

En effet, un siècle et demi auparavant, les Maronites avaient combattu sous l'étendard sacré, aux côtés des croisés de Godefroy de Bouillon ; des mariages avaient mêlé leur sang au nôtre, et ils avaient vécu sous la suzeraineté des rois français de Jérusalem.

Le malheur ajouta de nouveaux titres à ceux qu'ils possédaient déjà. Les infidèles, envahissant peu à peu les derniers lambeaux du royaume de Jérusalem, ne s'arrêtèrent qu'au pied du Liban ; les derniers croisés français vinrent s'y réfugier chez leurs frères les Maronites.

Les Français d'Orient ainsi mêlés aux Maronites formèrent avec les Druses (1) et d'autres infidèles une nation indépendante. Les sultans tentèrent vainement de les soumettre ; l'un

(1) *Druse*, pluriel du mot *Darzy*, *séparé*, *schismatique*. Ils avaient embrassé le schisme du soudan Hakem B'anni et avaient été chassés d'Égypte, vers la fin du dixième siècle.

d'eux, Amurat III, eut enfin recours à la trahison. Sur ses propositions de paix, les scheicks du Liban descendirent dans la plaine de Bkâa pour traiter avec lui : ils furent tous égorgés ; aussitôt Amurat entra dans les montagnes le fer et le feu à la main : au dire des historiens, cinq cent mille chrétiens périrent. En se retirant, le sultan imposa au Liban un prince musulman.

Au reste, la suzeraineté de l'Empire ottoman se borna à la perception d'un faible tribut ; les Maronites conservèrent leur religion, leurs lois et leurs coutumes ; leurs derniers émirs même se convertirent au catholicisme.

Il fallut qu'une nation d'Europe vînt changer la face des affaires.

Il y a quelques années, l'Angleterre cherchant un chemin direct pour aller aux Indes choisit la vallée de l'Oronte, au pied du Liban, pour relier l'Euphrate à la Méditerranée ; mais les Maronites étaient sous le protectorat hautement avoué et accepté de la France. Dans sa charte déjà citée, saint Louis avait dit : « Quant à nous et à tous ceux qui nous succéderont sur le trône de France, nous vous promettons de vous donner, à vous et à votre peuple, protection comme aux Français eux-mêmes et de faire constamment ce qui sera nécessaire à votre bonheur. » Cette disposition avait été confirmée par les successeurs du saint roi; même Napoléon Ier dit, sous les murs de Saint-Jean-d'Acre : « Je reconnais que les Maronites sont Français de temps immémorial. »

L'Angleterre, voulant détruire l'influence française pour rester seule maîtresse du pays, tenta de les convertir; mais elle échoua. Elle songea alors à allumer la guerre civile dans les montagnes; Beschir, l'émir des Maronites, attiré dans un guet-apens, fut livré aux Turcs par des mains anglaises; pendant ce temps les Druses et les Musulmans couraient sus aux chrétiens. La Porte, excitée par les suggestions de l'Angleterre, tomba alors sur cette proie si longtemps convoitée; à la lueur des incendies le sang maronite coula encore à flots. La France à la veille d'une révolution fut impuissante à protéger ses enfants d'Asie, et l'Empire ottoman put imposer sans obstacles aux peuples du Liban le joug écrasant de sa servitude.

Tel fut le passé.

## II

Le présent, le voici :

Depuis quelque temps des crimes multipliés, avant-coureurs d'une catastrophe, trahissaient la vieille haine qui couvait dans le cœur des Druses et des Musulmans ; elle fit enfin explosion. Gazir, Saïda, Arbala, Invrahlé sont noyés dans le sang chrétien.....

Mais je laisse la parole à une bouche plus éloquente que la mienne :

« Saïda, 4 juillet 1860 (1).

« Dans ma dernière lettre, mon cher ami, je me suis arrêté aux événements qui s'accomplissaient à Der-Kamar. Cette ville était déjà

(1) Lettre du révérend père Rousseau à l'*Union Franc-Comtoise*.

assiégée par les Druses. Aujourd'hui tous les chrétiens qui l'habitaient ont été massacrés. Si on excepte le Kesrouan, c'est-à-dire la partie du Liban comprise entre Beyrouth et Tripoli, partout ailleurs les chrétiens ont subi la mort ou les atrocités les plus révoltantes. Toutes les habitations ont été pillées, brûlées et détruites par les Druses. Ces ennemis du nom chrétien se dirigent actuellement et se concentrent vers le Kesrouan. Il se trouve encore là une nombreuse population chrétienne. Aura-t-elle le même sort que les autres qui ont été immolées? Dieu seul le sait; mais, à en juger par les derniers événements, on peut croire qu'elle périra avec les mêmes raffinements de cruauté et de barbarie, sous les coups des Druses, sans un prompt secours de l'Europe.

« Le fait que je vais vous signaler vous donnera l'idée de la justice et de la protection que le gouvernement turc accorde dans ce pays-ci aux chrétiens, et de la bonne foi qu'il apporte dans ses relations avec eux.

« Les Druses ont attaqué plusieurs fois Der-

Kamar, mais ils avaient été vigoureusement repoussés par les chrétiens, et ils n'avaient plus reparu. Sur ces entrefaites, arriva à Der-Kamar Taer-Pacha, général de division turc. Il proposa un arrangement aux chrétiens, leur persuada de déposer les armes, prenant l'engagement de les défendre contre les Druses s'ils étaient attaqués. Les chrétiens consentirent à cette proposition. Un acte public fut rédigé et signé par les principaux de la ville et par le général lui-même. Peu de jours après, Taer-Pacha annonça qu'il allait retourner à Beyrouth. Les chrétiens manifestèrent leurs craintes d'être ainsi livrés à la discrétion des Druses par cette absence; mais le général les rassura en leur disant que quiconque les attaquerait, attaquerait le gouvernement turc même; qu'il avait donné des ordres formels au commandant de la garnison de la ville pour les défendre à outrance s'ils étaient attaqués.

« Le général retourna à Beyrouth, et de cette ville il leur écrivit pour réitérer ses engagements.

« Les chrétiens reçurent sa lettre, et deux

heures après les Druses entraient par petites bandes dans Der-Kamar. Le soir la ville en était remplie. Alors commença le pillage, et il dura toute la nuit.

« Les principaux habitants de la ville, au nombre de six cents, se rendirent chez le gouverneur pour le prier de faire cesser le pillage et d'obliger les Druses à quitter la ville d'après les conventions arrêtées avec le général.

« Le gouverneur répondit qu'il n'avait point de pouvoir, mais que s'ils voulaient lui donner cent cinquante mille piastres, il les garderait chez lui et leur sauverait la vie. Les cent cinquante mille piastres furent comptées. Dès que le gouverneur les eut reçues, il leur représenta que cette somme n'était point suffisante, qu'ils étaient riches et qu'il était en droit d'exiger d'eux quatre cent mille piastres. Les chrétiens lui firent observer que leurs maisons avaient été pillées, qu'ils n'avaient plus d'argent, mais qu'ils allaient lui faire un billet, qu'ils signeraient tous, portant obligation de cette somme.

« Après que les Druses eurent passé le premier jour et la nuit suivante à piller, ils passèrent une autre journée à massacrer les hommes et les enfants mâles. Les femmes et les filles furent réservées et soumises ensuite à tous leurs outrages. Quarante femmes ont été massacrées à Der-Kamar.

« Après le massacre des chrétiens de la ville, les Druses se sont portés au palais du gouverneur pour immoler les chrétiens qui s'y étaient réfugiés.

« Le gouverneur, malgré ses engagements, malgré les cent cinquante mille piastres qu'il avait reçues, malgré le billet de quatre cent mille piastres souscrit par les six cents principaux habitants de Der-Kamar, livra immédiatement ceux dont il avait garanti la vie.

« Les Druses commencèrent par leur arracher tous les vêtements. Lorsqu'ils eurent été mis dans une nudité complète, les Druses les massacrèrent à coups de poignard et de yatagans. Personne n'échappa. Un ruisseau de sang coulait du palais du gouverneur.

« Les filles et les femmes chrétiennes ont

été déshonorées sous les yeux du gouverneur par les soldats du gouvernement ; les soldats ont eu leur part partout. Ils ont combattu les chrétiens avec les Druses, ils ont pillé et massacré les chrétiens avec les Druses, ils ont déshonoré les femmes et les filles des chrétiens avec les Druses. On assure qu'aucune femme n'a échappé aux brutalités des soldats turcs et des Druses.

« Après ces scènes de violence et d'horreur contre les femmes chrétiennes, les soldats turcs et les Druses ont achevé le pillage ; ils ont emporté le butin et mis le feu à la ville. Der-Kamar, qui était une des villes les plus élégantes de Syrie, n'est plus maintenant qu'un monceau de ruines.

« Les nouvelles de l'entrée des Druses à Der-Kamar sont parvenues à Beyrouth pendant la première nuit, lorsque les Druses étaient encore occupés au pillage. Tous les consuls généraux se sont rendus en corps auprès de Kurchid-Pacha, gouverneur général du pachalick de Saïda, pour le prier de se rendre à Der-Kamar afin d'empêcher le massacre des chrétiens. Le pacha partit immédiatement. Il pouvait et devait arriver à Der-Kamar en cinq heures. Il n'y a pas plus de distance de Beyrouth à cette ville. Il a mis vingt-cinq heures pour faire ce chemin.

« Au lieu de se rendre directement à Der-Kamar, le pacha a passé toute la journée pendant laquelle le massacre des chrétiens a eu lieu dans la maison du chef druse qui avait ordonné le pillage et les scènes de carnage qui s'accomplissaient dans la malheureuse ville de Der-Kamar. Lorsqu'il est arrivé, il ne restait plus que quarante chrétiens qui n'étaient pas massacrés. Il les a délivrés.

« Nous avions trois écoles à Der-Kamar. Deux de nos maîtres et un frère ont été tués. Notre maison, sur laquelle flottait, par ordre du consul général, le drapeau de la France, n'a pas été respectée. Heureusement les Pères qui s'y trouvaient en résidence étaient partis avant la dernière catastrophe.

« Il y a eu à Der-Kamar trois mille hommes de massacrés et quarante femmes, tant dans la ville que dans le palais du gouverneur. Six cents hommes ont réussi à se sauver.

« Chaque jour, il nous arrive des centaines de femmes et d'enfants, qui viennent encore augmenter le nombre des malheureux à Saïda. On a été obligé d'en expédier sur d'autres points de la Syrie. Depuis plusieurs jours on en a transporté sur des barques et sur des bâtiments français et anglais du côté du Kesrouan, entre Beyrouth et Tripoli, où se trouve, comme je vous l'ai dit, une nombreuse population de chrétiens.

« La ville de Zahlé comptait de douze à quinze mille habitants, tous chrétiens. Les Druses avaient été repoussés deux fois avec pertes par les chrétiens de cette ville; mais une troisième fois, ils ont, dit-on, employé un stratagème qui leur a réussi. Les Druses savaient que les chrétiens de Zahlé attendaient un renfort : ils ont fabriqué des bannières et des croix qu'ils ont placées en tête d'une troupe de deux mille hommes. Les Druses s'étaient déguisés. En arrivant près de Zahlé ils chantaient des chansons patriotiques en usage chez les chrétiens. Des habitants de Zahlé, trompés par cette ruse, sont venus sans défiance au devant de ces faux frères, qui les ont reçus à coups de fusil et qui, sans perdre de temps, sont tombés sur eux à coup de sabre et ont fait une grande boucherie.

« Malgré cette surprise, un grand nombre ont pu prendre la fuite. Déjà les femmes et les enfants s'étaient retirés dans les montagnes depuis quelques jours, en sorte que le massacre à Zahlé n'a pas été aussi grand que dans les autres villes ; mais il a été bien douloureux pour nous, et surtout pour moi, par la perte que nous avons faite du P. Billotet, Franc-comtois comme moi. Le P. Billotet a été tué au moment où il prenait le Saint-Sacrement pour l'emporter ou le consommer. Trois frères ont été tués près de lui, et un grand nombre d'autres personnes qui s'étaient réfugiées dans notre maison, croyant y trouver un asile sûr à l'ombre du drapeau de la France.

« Vingt et une religieuses auraient été déshonorées par les soldats turcs et par les Druses dans la maison où elles s'étaient réfugiées.

Je ne puis encore néanmoins garantir absolument la certitude de ce fait comme je garantis la vérité des autres.

« Deux de ces religieuses ont été tuées. Mais le fait qui a le plus effrayé les habitants de Zahlé et les a obligés à prendre la fuite, c'est d'avoir vu les soldats du gouvernement turc tirer à coups de canon contre la ville, qui a été réduite en cendres.

« Rachïa et Jedaïdi, villes situées dans l'Anti-Liban, viennent de subir le même sort par la trahison et la mauvaise foi de leurs gouverneurs.

« Un grand nombre de chrétiens, après la destruction des villes et villages qu'ils habitaient, avaient cherché un asile dans des cavernes et dans le fond des montagnes où se trouvent de petits bois. Les Druses, pour que personne des chrétiens n'échappe à leur fureur, ont parcouru les montagnes avec de gros chiens pour découvrir les chrétiens cachés. Ils en ont découvert une centaine en un seul endroit. Ils leur ont lié les mains derrière le dos pour les mettre à mort avec plus de cruauté.

A quelques-uns ils abattaient un bras, à d'autres ils coupaient les mains, à plusieurs ils enlevaient des morceaux de chair, ils leur crevaient les yeux ou les brûlaient vivants.

« Beyrouth, malgré la présence des consuls généraux et de plus de vingt bâtiments de guerre qui stationnent dans le port, n'est ni sûr ni tranquille. Les Turcs ont été sur le point de se soulever. A la moindre alerte, les chrétiens seraient massacrés. Ils le savent; aussi un grand nombre sont partis pour Alexandrie et pour Marseille.

« A Saïda, à cause des mêmes craintes, craintes tout aussi fondées, les principales familles se sont expatriées. Dans cette ville, tout était prêt pour le massacre et pour le pillage. Le jour et la nuit étaient désignés. Le gouverneur turc et le mufti étaient sur le point de donner le signal, lorsque l'amiral qui stationne à Beyrouth a été averti du danger qui nous menaçait. Il nous a envoyé en toute hâte un des bâtiments qu'il a sous ses ordres.

« Le commandant, arrivé devant Saïda, se rendit auprès du gouverneur de Saïda pour lui demander s'il répondait de la sécurité de la ville: « Je ne puis en répondre, pas même pour une « heure, » lui répondit le gouverneur.

« Le commandant français quitta immédiatement la résidence du gouverneur, remonta sur son bâtiment et fit débarquer dans une petite île une centaine des hommes de l'équipage, et retourna rapidement à Beyrouth avec son bâtiment pour rendre compte à l'amiral de sa mission.

« L'amiral, à la suite de ce rapport, partit immédiatement de Beyrouth et arriva quelques heures après devant Saïda avec deux bâtiments de guerre français et deux bâtiments de guerre anglais.

« L'arrivée de ces forces intimida les Druses et les Turcs, et rien ne fut tenté contre les chrétiens.

« Le pacha de Beyrouth est aussi arrivé, mais pour continuer son rôle de traître. Tout en arrivant, il a décoré le chef des Druses parce qu'il s'était apparemment acquitté à merveille de son devoir en faisant massacrer plus de deux mille chrétiens et incendier plus de quatre-vingts villages.

« L'amiral français, ayant obtenu des autorités civiles et militaires une promesse de sûreté pour la ville, est retourné à Beyrouth, en nous laissant toutefois un de ses bâtiments, qui stationne dans le port afin de tenir en échec les Turcs et les Druses.

« Cependant la crainte augmente et le danger semble devenir menaçant. Si la France ne se hâte pas de venir à notre secours, nous aurons le même sort que les autres villes saccagées.

« La malheureuse population chrétienne, entassée dans les villes du littoral, n'a d'autre moyen d'existence que le pain que la France lui distribue chaque jour. Sans la généreuse assistance du gouvernement français, cette population serait morte de faim, car aucun autre gouvernement n'a offert un morceau de pain pour soulager la faim de tant d'infortunés.

« Le cœur saigne en voyant à Saïda, dans les khans français, les restes de la population de plusieurs villes et d'un grand nombre de villages, entassés pêle-mêle, demi-nus, mangés de vermine, n'ayant d'autre nourriture que le morceau de pain que la France leur donne par ses consuls. On voit des gens de grande famille, des grands négociants, des hommes autrefois opulents, qui n'ont plus d'autre moyen de subsistance que l'aumône.

« Les Druses publient que le nombre des chrétiens qu'ils ont massacrés dans les montagnes du Liban s'élève à vingt-deux mille. Les chrétiens croient qu'il n'y en a que quinze mille. »

## III

Avec cette grandeur d'âme qui caractérise vos déterminations, vous avez compris, Sire, qu'en face de ces événements il y avait un devoir pour vous. Les Maronites sont Français presque autant que nous le sommes nous-mêmes; c'est sous les ailes de votre aigle, à l'ombre du drapeau de la France qu'ils doivent trouver un refuge.

Mais quelle sera votre intervention?

— Châtierez-vous seulement les Druses et leurs complices ?

Ce n'est pas là une sauve-garde pour l'avenir.

— Le Liban pacifié, laisserez-vous, de concert avec les puissances de l'Europe, des troupes pour protéger les chrétiens?

A quel titre?

Les Montagnes vous appartiennent-elles ?

Non.

Le peuple maronite est-il une nation menacée qui réclame votre appui ?

Non plus.

Le sultan, impuissant à maintenir l'ordre, vous a-t-il demandé assistance?

Encore moins ; Abdul-Medjid témoigne hautement ses regrets et l'intention de châtier lui-même les coupables.

— Vous contenterez-vous d'exiger du sultan une protection efficace pour ce malheureux peuple?

Quelle sûreté, Sire!

Abdul-Medjid est loyal; soit. Il est juste, éclairé, il veut le bonheur de ses peuples; j'en conviens. Mais quelle protection que celle d'un souverain qui n'est pas le maître, même dans sa capitale!

— Rendrez-vous au Liban l'indépendance qu'une infâme trahison lui a seule ravie?

Votre Majesté le peut-elle moralement?

Ce droit de conquête, dernier vestige de la barbarie, a-t-il cessé d'être légal? La domination de la Porte sur le Liban est-elle moins légitime que celle de la Russie sur la Pologne, de l'Angleterre sur les Indes, etc.? Pensez-vous, Sire, que ces puissances verront sans s'alarmer cette nationalité rendue au Liban?

C'est impossible.

Avez-vous, comme pour la campagne d'Italie, des raisons de force majeure qui motivent, vis-à-vis du sultan, une attitude semblable à celle que vous avez prise à l'égard de l'Autriche?

Nullement.

D'ailleurs les Maronites sont-ils, comme les

Italiens, un peuple réclamant son indépendance?

Loin de là; c'est un pays conquis qui ne proteste même pas contre l'autorité réputée légitime de son maître.

Que faire alors?

## IV

C'est encore la question d'Orient qui palpite dans ceci.

L'existence de l'Empire ottoman est une honte pour l'Europe civilisée. Est-il rien de plus profondément immoral que cette nation abrutie, où le fratricide est une loi d'État, où l'assassinat est l'un des attributs du pouvoir?

Il n'y a pas de régénération possible pour cet Empire croulant, qui trouble l'Europe par les convulsions de son agonie.

Pourquoi donc laisser cette menace suspendue constamment sur nos têtes?

Le traité de Paris garantit l'intégrité de l'Empire ottoman?

Déchirez-le ce traité, Sire; le sang maronite n'est-il pas un défi assez grand jeté à la face de l'Europe?

Jamais moment ne fut plus propice.

Le cœur des puissances chrétiennes bat d'indignation comme un seul cœur; les partis n'ont qu'une voix.

Profitez-en, Sire.

Vous êtes l'intermédiaire naturel entre les peuples et les souverains, vous qui êtes Empereur par la grâce de Dieu et la volonté nationale.

Soyez le moteur d'une coalition entre la Russie, l'Autriche, la Prusse, l'Angleterre et la France, pour chasser les Turcs des contrées qu'ils asservissent.

Ce vaste héritage, qui peut tomber quelque jour dans les mains de la Russie, serait partagé entre les cinq nations.

Constantinople, avec un pays assez étendu à l'entour, formerait seul un État séparé.

Le Pape ne pourrait-il pas l'accepter en

échange de Rome et des États romains?

Chacune des cinq puissances mettrait la part qui lui serait échue sous l'autorité d'un prince de sa dynastie régnante qui relèverait de la mère-patrie.

L'Europe enverrait en Orient le surplus de ses populations, et ces pays, rendus à la fécondité par la civilisation, seraient pour elle un gage de tranquillité pour l'avenir.

## V

Il y a dans les lignes précédentes une proposition qui paraîtra paradoxale au premier abord; c'est la translation du siége pontifical à Constantinople.

Il est nécessaire d'examiner cette question de plus près.

Les nations catholiques, la France en tête comme fille aînée de l'Église, veulent le maintien du pouvoir temporel du Pape.

Mais ce pouvoir pourra-t-il subsister dans les conditions présentes ?

Il semble que non.

Cette monarchie de droit divin est-elle possible au milieu de ces royaumes constitutionnels, chez un peuple qui n'a qu'un vœu : Victor-Emmanuel pour roi ?

Certes non.

Seront-ce les réformes demandées qui détourneront le peuple romain du but qu'il poursuit ?

Mais ces réformes, Pie IX peut-il les accorder sans nier sa raison d'être ? sans renoncer à son infaillibilité, l'un des dogmes de la foi catholique ?

Quelle situation précaire que celle de ce souverain qui ne doit un semblant d'autorité qu'à l'occupation étrangère !

Cette question religieuse, seul obstacle réel à la pacification de l'Italie, exige une prompte solution.

Où en trouver une qui satisfasse mieux que celle-ci à toutes les exigences ?

— Le Pape doit garder intact le patrimoine de saint Pierre.

Ne le conserve-t-il pas en échangeant Rome insoumise et hostile contre Constantinople reconquise à la civilisation?

L'honneur du Saint-Père n'est-il pas sauvegardé?

— Pie IX abandonne une souveraineté démembrée, enclavée dans des gouvernements en désaccord avec elle, pour un État magnifiquement situé.

L'intérêt du Saint-Siége n'est-il pas satisfait?

Pie IX, dit-on, n'a voulu écouter aucun arrangement.

Lui en a-t-on proposé un que sa conscience lui permît d'accepter?

Sur quel prétexte d'ailleurs étayerait-il un refus?

Je n'en vois pas; aucun lien ne l'attache à ce peuple infidèle, qui a payé par la plus noire ingratitude les bienfaits qu'il a voulu lui faire.

— Les grandes puissances ne permettront jamais que Constantinople devienne la propriété exclusive de l'une d'elles.

En quelles mains, autres que celles du Pape, remettre cette ville?

Le principe en vertu du quel il régne lui défend les conquêtes.

Il est maître d'un État trop faible pour inquiéter ses voisins.

Si l'un d'eux tente de l'opprimer, les nations catholiques se lèvent pour défendre le chef de leur religion.

Quelle magnifique position que celle du Pape à Constantinople, entouré par les possessions des princes chrétiens, au centre de l'univers! Chaque puissance est contrainte, par son intérêt propre, à maintenir son indépendance et sa neutralité; et son port, déclaré franc, devient l'entrepôt du commerce du monde.

## VI

L'exécution de ce plan, quoique embrassant une vaste échelle, n'offre pas de difficultés qu'on ne puisse promptement surmonter. La France, qui a vaincu les deux empires les plus belliqueux de l'Europe, suffirait seule à chasser les Turcs; mais il serait de toute justice que les frais de la guerre fussent alors supportés par les quatre autres nations.

Les deux questions d'Italie et d'Orient, qui ont entravé jusqu'à présent les nations européennes dans la voie du progrès, seraient ainsi résolues l'une par l'autre à la satisfaction générale.

FIN.

www.ingramcontent.com/pod-product-compliance
Ingram Content Group UK Ltd.
Pitfield, Milton Keynes, MK11 3LW, UK
UKHW012121240726
13965UKWH00005B/1886

9 782012 996175